X + 1264.
C. a.

NOUVEL
ABÉCÉDAIRE

ET

SYLLABAIRE

POUR

DE PETITS ENFANS,

PAR

A. KAPPELHOFF,

MAÎTRE DE PENSION à AMSTERDAM.

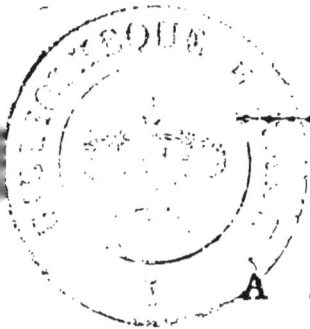

———◆◆◇◎◖◗◎✳◎◗◖◎◇◆◆———

À AMSTERDAM,

Chez W. BRAVE, Libraire sur le
Nieuwendyk, N°. 100.

〜〜〜〜〜〜〜〜

DE L'IMPRIMERIE DE P. E. BRIËT 1811.

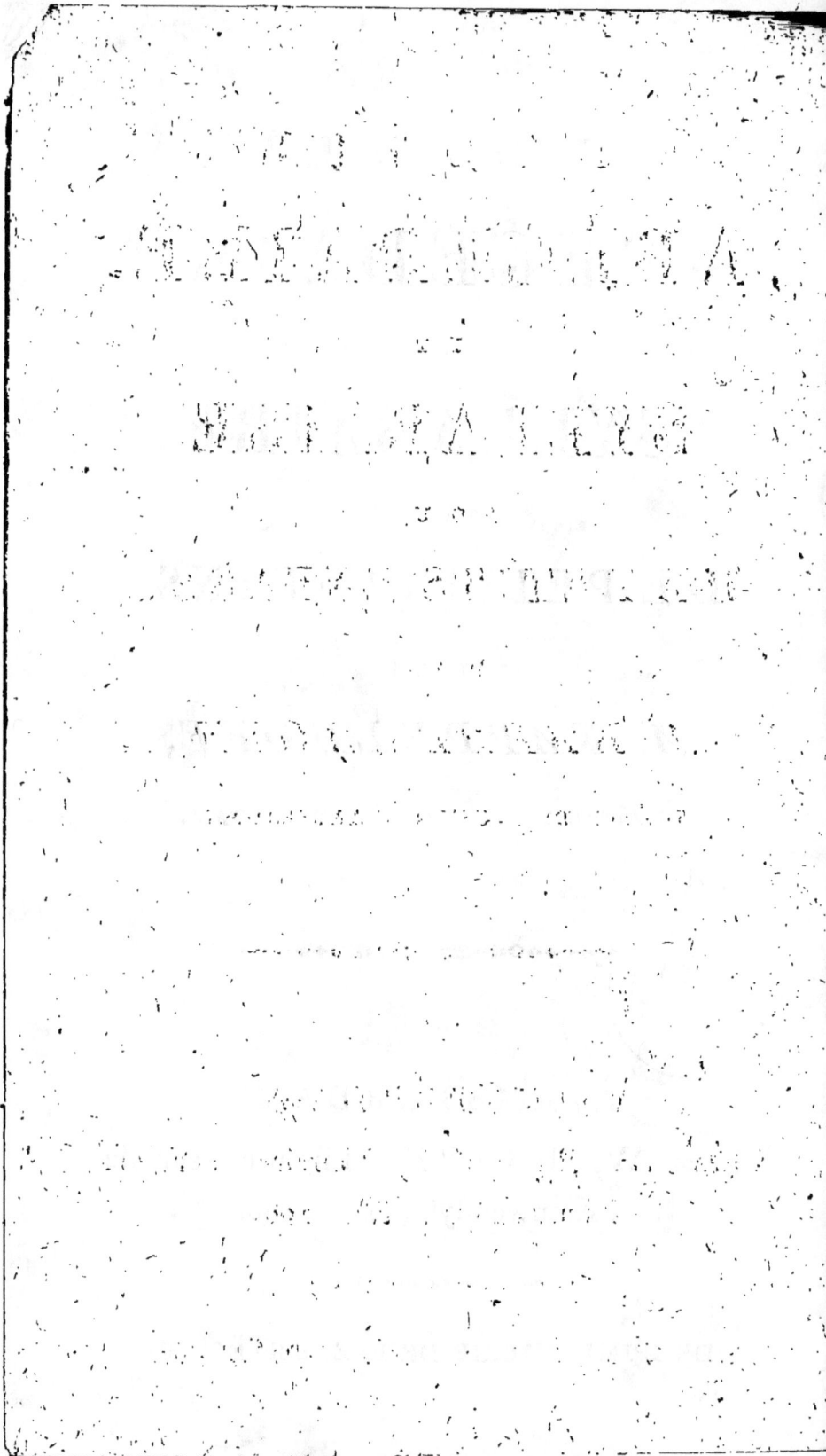

AVANT-PROPOS.

Quiconque enseigne la langue Française m'a-vouera que nous manquons dans ce Département de l'Empire d'Abécédaires propres, à être mis entre les mains de jeunes Enfans. Cette langue ne pouvant nonseulement être considérée comme la Langue régnante, mais devant d'après un arrêté de l'Empereur être enseignée dans toutes les Écoles de notre Patrie, il me vint à l'idée de suppléer à ce défaut.

Ayant travaillé une suite d'années, à l'Éducation de la Jeunesse, je trouve ma plus grande satisfaction à lui être utile en quelque chose.

Si j'ai reussi dans mon entreprise, je me croirai amplement compensé de mes peines.

L'AUTEUR.

*

ABCDEFGH
IJKLMNOP
QRSTUVX
YZ.

abcdefghijklm
nopqrstuvxyz.

ÆŒ

æœ

*a b c d e f g h i j k l m n o p
q r s t u v x y z.*

Les Lettres doubles.

æ œ ﬁ ﬂ ﬁ ﬂ ﬅ ﬆ
w & ﬆ.

æ œ ﬁ ﬂ ﬁ ﬂ ﬆ w ﬆ &.

Toutes ces lettres que vous venez de voir, ne se Prononcent pas de la même manière; dans les vingt=quatre il y en a cinq, que l'on nomme Voyelles, qui produisent d'elles mêmes un son plein et net.

Voyelles.

A, E, I *ou* Y, O, U.

Les dix - neuf lettres, qui restent, se nomment consonnes; elles empruntent leur son d'une de ces voyelles, que vous venez de répéter, de manière que la lettre B se prononce comme s'il y avait un E après le B.

Exemples pour les dix-neuf consonnes.

B	be	N	en
C	ce	P	pe
D	de	Q	qu
F	ef	R	er
G	ge	S	es
H	ache	T	te
J	gi	V	ve
K	ka	X	ik ee
L	el		
M	em	Z	zed.

Montre-moi, mon cher petit Coco, les Voyelles, et montre-moi aussi les Consonnes dans les lettres suivantes.

A 4

TXPBE

CJDGK

AMHFQ

SIYROZ

UVLN.

Des Accens.

Parmi les voyelles, mes chers petits Enfans, il en est une que l'on distingue plus particulièrement ; c'est l'*e* ; il se prononce de trois manières.

e Muet, *é* fermé, *è* ouvert.

Il faut remarquer que l'*e* ne change pas de figure ; mais c'est sa prononciation, qui change, et les petits traits que vous voyez au-dessus l'indiquent.

On appelle *e* muet celui qui n'a pas de petit trait ; le son qu'il produit, n'est pas sensible à l'oreille.

Exemple : *Sucre*, c'est comme s'il y avait *Sucr*.

On appelle *é* fermé celui que l'on prononce la bouche presque fermée.

Exemples : *Pâté*, *Bonté*, *Liberté*.

On le reconnaît au petit trait qui va de droite à gauche : ce petit trait a aussi son nom ; il s'appelle *accent aigu*.

On appelle *è* ouvert celui qu'on prononce la bouche bien ouverte ; on le reconnaît à un autre petit trait qui va de gauche à droite, et qui s'appelle *accent grave*.

A 5

Exemples : *Abcès, Procès, Progrès.*

Il y a encore un accent que l'on nomme Cir-
conflexe, ainsi figure ∧ ; on le met sur la voyelle sur laquelle on est convenu, d'appuyer davantage.

Exemples : *Pâté, Plâtre, Bête, Blâme.*

Autres Figures.

Le Tréma.   . . . .   (¨)
L'Apostrophe.   . . . (')
Le Trait d'union.   . . . (-)
La Cédille.   . . . (ç)
La Virgule. Pour s'arrêter un peu. (,)
Le Point et la virgule. Davantage. (;)
Les Deux points. Davantage encore. (:)
Le Point seul.   . . Tout-à fait (.)
Le Point interrogatif.   . . (?)
Le Point admiratif.   . . (!)

Le Tréma avertit, qu'il faut prononcer la voyelle sur la quelle il se trouve, séparément de
celle qui précéde.

Exemple : Ha-ïr.

L'Apostrophe se met en haut, à la place d'une
voyelle supprimée.

Exemple : *L'Oiseau*, au lieu de dire *Le Oiseau*.

Le Trait d'union se met entre deux mots qui n'en font qu'un.

Exemple : *Porte-crayon*.

La Cédille se met au bas sous la lettre *c*, pour avertir qu'on doit le prononcer comme une *s*.

Exemple : Leçon.

La Virgule est employée dans tous les endroits d'une période, où l'on peut faire naturellement une pause, quoique le sens ne soit pas fini.

Exemple : Boire, Manger, Dormir, Jouer et Apprendre sont les occupations les plus ordinaires des Enfans.

Le Point et La Virgule : marquent que la phrase n'est pas entièrement finie, et ils demandent en général un plus grand repos que la Virgule, on les emploie ordinairement pour séparer les principaux membres d'une période, quand ils sont longs, et qu'ils renferment d'autres membres ou parties séparées par des Virgules.

Exemple : On distingue dans Les États de l'Europe quatre espèces de Gouvernemens ; savoir : le Despotique, le Monarchique, l'Aristocratique et le Démocratique.

Les Deux points marquent qu'une phrase est finie, mais qu'elle dépend d'une phrase composée, dont toutes les parties sont liées avec la principale.

Exemple: Il ne faut pas jetter le Joujou à terre: il y a tant d'Enfans, qui n'en ont point.

Le Point se met à la fin d'une phrase ou d'une période dont le sens est absolument fini.

Exemple: Adore un Dieu, sois juste, et chéris ta Patrie.

Le Point Interrogatif se met à la fin des phrases qui expriment une interrogation.

Exemple: Comment feront les pauvres Enfans, qui n'ont ni bas, ni souliers, ni feu pour se chauffer?

Le Point Admiratif se met à la fin des phrases, qui expriment une admiration ou une exclamation.

Exemples: ô Dieu! aye pitié de nous!

✻

Sons Formés d'une Voyelle et d'une Consonne.

Ab.	Eb.	Ib.	Ob.	Ub.
Ac.	Ec.	Ic.	Oc.	Uc.
Ad.	Ed.	Id.	Od.	Ud.
Af.	Ef.	If.	Of.	Uf.
Ag.	Eg.	Ig.	Og.	Ug.
Al.	El.	Il.	Ol.	Ul.
Am.	Em.	Im.	Om.	Um.
An.	En.	In.	On.	Un.
Ap.	Ep.	Ip.	Op.	Up.
Aq.	Eq.	Iq.	Oq.	Uq.
Ar.	Er.	Ir.	Or.	Ur.
As.	Es.	Is.	Os.	Us.
At.	Et.	It.	Ot.	Ut.
Av.	Ev.	Iv.	Ov.	Uv.
Ax.	Ex.	Ix.	Ox.	Ux.
Az.	Ez.	Iz.	Oz.	Uz.

Sons Formés d'une Consonne avant une Voyelle.

Ba.	Be.	Bi.	Bo,	Bu.
Ca.	Ce.	Ci.	Co.	Cu.
Da.	De.	Di.	Do.	Du.
Fa.	Fe.	Fi.	Fo.	Fu.
Ga.	Ge.	Gi.	Go.	Gu.
Ha.	He.	Hi.	Ho.	Hu.
Ja.	Je.	Ji.	Jo.	Ju.
Ka.	Ke.	Ki.	Ko.	Ku.
La.	Le.	Li.	Lo.	Lu.
Ma.	Me.	Mi.	Mo.	Mu.
Na.	Ne.	Ni.	No.	Nu.
Pa.	Pe.	Pi.	Po.	Pu.
Qua.	Que.	Qui.	Quo.	Qu.
Ra.	Re.	Ri.	Ro.	Ru.
Sa.	Se.	Si.	So.	Su.
Ta.	Te.	Ti.	To.	Tu.
Va.	Ve.	Vi.	Vo.	Vu.
Xa.	Xe.	Xi.	Xo.	Xu.

Des Consonnes composées.

Bla. Blé. Blè. Ble. Bli. Blo Blu.
Bra. Bré. Brè. Bre. Bri. Bro. Bru.
Cha. Ché. Chè. Che. Chi. Cho. Chu.
Cla. Clé. Clè. Cle. Cli. Clo. Clu.
Chra. Chré. Chrè. —— Chri. Chro. ——
Cra. Cré. Crè. Cre. Cri. Cro. Cru.
Dra. Dré. Drè. Dre. Dri. Dro. Dru.
Fla. Flé. Flè. Fle. Fli. Flo. Flu.
Fra. Fré. Frè. Fre. Fri. Fro. Fru.
Gla. Glé. Glè. Gle. Gli. Glo. Glu.
Gna. Gné. Gnè. Gne. Gni. Gno. Gnu.
Gra. Gré. Grè. Gre. Gri. Gro. Gru.
Pha. Phé. Phè. Phe. Phi. Pho. Phu.
Phra. Phré. Phrè. Phre. Phri. Phro. Phru.
Pla. Plé. Plè. Ple. Pli. Plo. Plu.
Pra. Pré. Prè. Pre. Pri. Pro. Pru.
Rha. Rhé. Rhè. Rhe. Rhi. Rho. Rhu.
Sca. Scé. Scé. Sce. Sci. Sco. Scu.
Spa. Spé. Spè. Spe. Spi. Spo. Spu.
—— —— Sphè. —— —— —— ——
Sta. Sté. Stè. Ste. Sti. Sto. Stu.
Tha. Thé. Thè. The. Thi. Tho. Thu.
Tra. Tré. Trè. Tre. Tri. Tro. Tru.
Vra. Vré. Vrè. Vre. Vri. Vro. Vru.

Act.	Ect.	Ict.	Oct.	Uet.
Arc.	Erc.	Irc.	Orc.	Urc.
Asth.	——	——	Osth.	——.

Des Triphthongues.

ai.

Air.	Blai.	Clai.	Cai.
Glai.	Mai.	Sai.	Vai.
Grai.	Prai.	Trai.	Zai.

au.

Bau.	Dau.	Jau.	Sau.
Blau.	Fau	Mau.	Trau.
Clau.	Gau.	Rau.	Vau.

ei.

Bei.	Lei.	Mei.	Rei.
Dei.	Nei.	Pei.	Zei.
Fei.	Sei.	Vei.	Tei.

eu.

Bleu.	Deur.	Jeur.	Neur.
Ceur.	Geur.	Leur.	Peur.
Creu.	Heur.	Meur.	Seul.

oi.

Boi.	Foi.	Loir.	Poil.
Coi.	Goi.	Moi.	Roi.
Doi.	Joi.	Noir.	Soif.

oie.

Proie.	Foie.	Soie.	Toie.
Joie.	Oie.	Voie.	Noie.

ie.

Die.	Lie.	Plie.	Tie.
Fie.	Mie.	Rie.	Pie.
Gie.	Nie.	Scie.	Zie.

ié.

Tié.	Gié.	Pié.	Fié.

ier. et *iel.*

Fier.	Ciel.	Fiel.	Miel.

ou.

Bloue.	Brou.	Cour.	Clou.
Sour.	Fou.	Mou.	Ouf.
Cour.	Nou.	Pouf.	Tour.

B

ouc.

Boue.	Moue.	Loue.	Toue.
Cloue.	Troue.	Goue.	Noue.

ui.

Bui.	Flui.	Mui.	Pui.
Cuir.	Hui.	Nui.	Rui.
Lui.	Tui.	Sui.	Dui.

eu.

Bue.	Cue.	Nue.	Pue.
Blue.	Crue.	Mue.	Rue.
Due.	Flue.	Plue.	Vue.

eau.

Bleau.	Geau.	Neau.	Teau.
Ceau.	Leau.	Peau.	Reau.
Deau.	Meau.	Sceau.	Veau.

oeu.

Coeur.	Moeur.	Soeur.	Voeu.

Des Sons Mouillés.

Bail.	Neil.	Feuil.	Nouil.
Cail.	Seil.	Veuil.	Fouil.

Tail.	Beuil.	Deuil.	Rouil.
Teil.	Seuil.	Neuil.	Souil.
Treil.	Cueil.	Oeil.	Cuil.

Des Voyelles Nasales.

Bran.	Pren.	Mien.	Moin.
Can.	Cen.	Sien.	Goin.
Çan.	Cein.	Rien.	Loin.
Gean.	Fein.	Bon.	Cun.
Jean.	Frein.	Çon.	Dun.
Crain.	Pein.	Con.	Fun.
Faim.	Blin.	Flon.	Fion.
Plain!	Plein.	Fron.	Lun.
Gen.	Brin.	Glon.	Pion.
Len.	Clin.	Sou.	Poin.
En.	Crin.	Non.	Gion.
Sen.	Bien.	Coin.	Brun.

Les consonnes à la fin des mots suivants, ne se prononcent pas.

Nid.	Sang.	Deux.	Près.
Rend.	Noix.	Plomb.	Trop.
Quand.	Poix.	Romp.	Muid.

Fait.	Gueux.	Sot.	Mieux.
Lait.	Mot.	Jet.	Creux.
Mais.	Mont.	Nuis.	Point.
Fond.	Nous.	Ses.	Joing.
Plait.	Bout.	Tes.	Oint.
Plant.	Buis.	Mes.	Oing.
Champ.	Fois.	Geant.	Moins.
Camp.	Bois.	Creux.	Soins.
Gland.	Sois.	Crut.	Temps.
Fond.	Sens.	Peut.	Vent.
Flux.	Sans.	Soit.	Chez.

Néanmoins on prononce le *c, f, l, m, n,*
et *r* à la fin des mots suivants.

Bac.	Troc.	If.	Mon.
Bec.	Busc.	Vif.	Soir.
Sec.	Musc.	Scel.	Sour.
Sic.	Neuf.	Quel.	Cour.
Choc.	Bal.	Pal.	Char.
Bref.	Cerf.	Sel.	Cher.
Grec.	Serf.	Nom.	Fier.
Croc.	Chef.	Loir.	Fer.

Dans quelques mots on ne les
prononce pas comme:

Banc.	Camp.	* Fils.	Tronc.
Blanc.	* Cinq.	* Huit.	* Sept.
Boeufs.	Drap.	Jonc.	* Six.
Coup.	* Dix.	Marc.	* Oeuf.
Clerc.	Franc.	* Nerf.	Temps.

Voyelles accentuées.

Accent Aigu. (´)

É-té.	É-co-le.	É-co-lier.	Ré-pé-té.
Ré fé-ré.	Ai-mé.	Por-té.	Ai-mé.
	Ai-mée.		

Accent Grave. (`)

Pè-re.	Mè-re.	Suc-cès.	Ac-cès.
	Mi-sè-re.		

Accent Circonflexe. (^)

Pâ-te.	Pâ-té.	Fê-te.	Mê-me.	Gî-te.
Cô-té.	Cô-te.	Dô-me.	Flû-te.	Bê-te.

(*) Excepté dans ceux-ci.

Tréma. (··)

Ha - ïr.   Na - ïf.   Na - ï - ve.   Ca - ïn.
Si - na - ï.   Sa - ül.   A - ï - eul.   La - ïs.

—————   ———   Pa-ïen.   —————

L'Apostrophe. (')

L'en.   L'a.   Qu'y.   Qu'ont.
L'y.   S'y.   Ç'a.   Qu'est.
S'est.   M'y.   Ç'en.   Qu'ils.
C'est.   L'un.   Ç'ont.   Qu'à.
S'en.   D'un.   Qu'en.   Qu'eux.

On place l'*y* entre deux Voyelles au lieu de deux *i i.*

A-yant.   Bro-yer.   Cra-yon.   Lo-yal.
Lo-yer.   Ra-yon.   Ra-yer.   Pa-yer.

—————   Pa-yons.   Vo-yons.   —————

Syllabes Simples et terminées par un *e* Muet.

A-me.   Ca-ve.   Du-ne.   Do-se.   Jolie.
Lu-ne.   I-ma-ge.   Ro-se.   Ra-ve.   Ru-e.
Pru-ne.   U-ne.   Vi-e.   Vu-e.   Vo-lu-m

Syllabes Simples èt terminées par une s.

Les Da-mes. Les A-mes. Mes-dames. Les
A-nes. Des Ro-bes. Des A-mis. Des A-mies.
Les Ro-ses. Les Jo-lies I-ma-ges. Les Pa-ges.
Les Ga-ges. Les Lou-ages. ———— ————

Syllabes Composées.

Mon.	Bon.	Ton.	Vin.	Son.	Lin.	Fin.
Pan.	Van.	Tan.	Pan.	En.	Nos.	Vos.
Dos.	Tas.	Ras.	Pas.	Las.	Pis.	Rat.
Mal.	Pal.	Tel.	Mal.	Pal.	Car.	Par.
Riz.	Ris.	Ver.	Mer.	Cor.	Un.	Sel.
Bec.	Bel.	Sec.	Sac.	Bac.	Lot.	Or.
————	————	Pot.	Tun.	Tel.	————	————

Des Syllabes plus Composées.

Port. Fort. Arc. Porc. Parc. Tard. Part.
Lard. Pont. Mont. Dans. Dent. Vent. Rond.
Vert. Lent. Sent. Dors. Sont. Les Vents.
Ser-pent. Les Dents. Ver-te. Les Ser-pents.
Len-te. Ron-de. Les-Monts. Con-tent. Con-
ten-te. Les Ponts. En-fant. Les En-fans.

Des Diphtongues.

Miel. Ciel. Fiel. Lui. Puits. Juin. Sais.
Mien. Tien. Lien. Fier. Bien. Pied. Lier.
Sien. Vien. Nuit. Tien-ne. Mien-ne. Sien-
ne. Li-ard. Fui-ard. —— ——— ——

Deux Voyelles ne faisant qu'un Son.

Au. Cou. Dais. Daim. Faim. Feu. Main.
Mai. Mau. Mal. Mou. Pour. Pous. Sou.
Lourd. Peu. Peur. Leur. Bon-heur. Lour-
de. Ter-reur. Mal-heur. Sour-deau. Mau-ve.
Vai-ne. Rei-ne. Vie-ne. Rei-ne. Vei-ne. Mau-
dit. Ja-mais. Mais. Lai-de. J'ai. Au-rai.
Au-rais. Pei-ne. Ai-me. Ai-me-rai. Lou-
ve. Au-ne. —— ——— ——— ——

Trois Voyelles formant un seul Son.

Beau.	Cieux.	Beaux.	Lieux.	Dieu.
Dieux.	Mieux.	Veaux.	Veau.	Eau.
Eaux.	Seau.	Peau.	Paux.	Lieue.
Suie.	Pluie.	Joue.	Loue.	Boue.

Des Lettres Doubles.

Bœuf.   Cœur.   Chœur.   Œil.   Œil-let.
Œuf.   Mu-sæ.   Nœud.   Ro-sæ.   ——

Le ç Cédille se prononce comme deux s s dans les mots suivants.

Fa-ça-de.   Fa-çon.   For-çat.   Fran-çois.
Gar-çon.   Re-çu.   Con-çu.   Je-re-çois.
A-van-çais.   Ap-per-çois. De-çu.   Fran-çais.

Dans les mots suivants l'*h* est non aspirée.

L'Ha-bit.   L'Hô-te.   L'Hom-me.   L'Hi-ver.
L'Hu-meur.   L'Hon-neur.   L'Hui-tre.   L'Hé-
breu.   L'Her-be.   L'Hé-ro-ï-ne.   —— —— —

Dans les mots suivants l'*h* est aspirée.

Le Ha-sard.   La Hu-re.   Le Hé-ros.   La
Ha-che. Le Ho-quet. Le Ha-reng. La Hou-pe.
Le Ha-sard. La Her-se. —— —— —— —

Le *g* Mouillé.

A-rai-gnée. Al-le-ma-gne. Bre-ta-gne. Bai-gner. Bai-gne. Com-pa-gnie. Com-pa-gne. Crai-gnant. Dai-gner. Dai-gné. Es-pa-gne. Fei-gné. Fei-gnant. Ga-gner. Joi-gnant. Mon-ta-gne. Li gne. Pei-gne. Rè-gne. Sai-gne. Vi-gne. Ven-ge. ———

L' *l* Mouillée.

Ail-le. Ail. Bail. Pé-ril. Fil-le. Fa-mil-le. É-mail. Tra-vail-ler. Bou-teil-le. Vieil-lard. Bouil-lir. Souil-lir. Rouil-le. Deuil. Feuil-let. Or-gueil. Cueil-lir. Cer-cueil. Re-cueil. Mouil-ler. Fau-teuil. O-seil-le. Feuil-le. Vieil-le.

Ar, Bra, Bla, Bas, etc.

Ar-bre. Ar-bris-seau. Bras. Blanc. Bla-mer. Bas. Bas-se. Bê-te. Bru-tal. Blâ-mé. Bles-ser. Blû-ter. Bas-sin. Bri-que. Brouil-lard.

Le *ch* se prononce comme *k*, dans les mots suivants.

Bac-chus. Cho-ris-te. Chi-ro-man-cie. É-cho. Eu-cha-ris tic. Or-ches-tre. ———

Le *c* se prononce comme le *k* avant les Voyelles *a*, *o*, *u*.

Ca-bi-net. Co-le-re. Cu-re. Cal-me. Con-son-ne. Cul. Ca-ge. Con-çu. Cu-ré. ———

Le *c* se prononce comme l'*s* avant les Voyelles *e* et *i*.

Cé-der. Ce-li-bat. Cé-ci-té. Ci-to-yen.
Ci-re. Ci-dre. Ci-vi-le. Ci-ra-ge.

Cha, Char, Cla, Cra, etc.

Chat. Chien. Cher-cher. Char-gé. Chant.
Char-me. Cha-cun. Cha-cu-ne. Char-ger.
Chan-ge. Chi-che. Chif-fre. Chou. Choi-sir.
Chré-tien. Chrê-me. Char-ger. Christ. Clair.
Clas-se. Clé-men-ce. Cla-mer. Clou. Clo-pin.
Cli-ent. Cra-be. Crain-te. Cram-pe. Cros-se.
Crê-me. Cru-el. ——— ——— ———

Dai, Dou, Dé, Dra, etc.

Dai-gner. Dai-gne. Dou-ze. Dou-ce. Dé-
ja. Dra-gon. Dra-gée. Dres-ser. Drap. Dra-
pier. Dro-le. Droit. Doit. ——— ——— ———

Fla, Fra, Frai, etc.

Flam-beau. Flam-me. Flam-ber. Fra-cas.
Frais. Frai-se. Fran-ce. Fra-gi-le. Fleur.
Fleu-ve. Flu-te. Flo-ter. Front. Fruit.
Fri-and. Frè-re. Froid. — — — —

Le *g* a le son qui lui est naturel, avant les Voyelles *a. o. u.*

Ga-lant. Ga-ge. Gâ-che. Go-sier. Go-ber.
Gou-lu. Ai-gu. Al-gue. — — — —

Le *g* a le son du *j.* avant les Voyelles *e* et *i.*

Gé-nie.   Ge-nou.   Gibier.   Gi-ron.
           Gé-sir.   Gi-saut. — —

Gla,   Glo,   Gra,   Gue,   Gué, — —
Ga,   Geo,   Gui, etc. — — —

Gland.   Glo-be.   Gloi re.   Glis ser.
Glè-be.   Glis-sa.   Grand.   Gra-bat.
Grap-pe   Gre lot.   Gron der.   Gra-ce.
Gro-gne   Gué-rir.   Gué-pe.   Gui-de.
Guer-re,   Grue,   Do-gue.   Fi-gue.

Pla,   Pra,   Pri,   Pro,   Pru,

Plat. Pla-ce. Plai-ne. Plein. Pleu-rer. Pli.
Plon-ger. Plu-me Pleu-rer. Pra-li-ne. Prai-
rie. Pris. Près. Pré. Prix. Prin-ce. Procès. Pru-ne. Pru-neau. —— —— ——

Le *ph* se prononce dans les mots suivants comme f.

Jo-feph. Phra-se. Phy-si-que. Pha-lè-ne.
Phi-lo-so-phe. Pha-é-ton. Phos-pho-re.
Pha-lan-ge. Pho-la-de. —— —— ——

Du, Qu, etc.

Qui. Quand. Quoi-que. Quel-que. Quel-le.
Queue. Quin-te Quo-te. Quar-te. Qu'u-ne.
Quin-tal. —— —— —— ——

L'*s* se prononce avec le son doux du z.

Quand elle est entre deux Voyelles dans :

Rai-son. Ma-su-re. Vi-sa-ge. U-sa-ge. O-ser.
U-su-re. Ma-ga-sin. —— —— ——

L'*s* a ordinairement le son du *c*
avant *a*, *e*, *i*, *o*, et *u.*

Sa-lut.   Sé-nat.   Si-len-ce.   Con-so-ler.
Per-su-a-der.

Les Deux *s s.*

Tous-ser.   Pas-ser.   Des-sus.   Des-sous.
Ruis-seau.   Pois-ser.   Os-seux.   Bas-sin.

Le *t* conserve ordinairement le son,
qui lui et propre, comme dans:

Ta-ble.   Bon-té.   Ver-tu.   É-tof-fe.   Con-ti-
nen-ce.   Tou-che.   Tou-ché.   Toi-se.

Lorsque *ti* est suivi d'un *a* d'un *e*
ou d'un *o*, il se prononce presque
toujours comme *ci*, dans:

Par-ti-al.   Pa-tien-ce.   Am-bi-ti-on.

Quand dans *tien* la diphtongue na-
sale a le son approchant de l'
e; comme dans:

En - tre - tien.　　Sou - tien.　　Con - tient.

On prononce le *t* avec le son du *c* dans:

Pri - ma - tie.　In - ep - tie.　Pro - phé - tie.　A - ri-
sto - cra - tie.　I - ni - tier.　Bal - bu - tier. ⸺⸺⸺

The,　　Tra,　　Thla,　　Tri,　　Tu,　　etc.

⸺⸺⸺

Thé - â - tre.	Tra - cas.	Thla - se.	Thlas - pi.
Tric - trac.	Tri - bu.	Tri - an - gle.	Tri - a - ge.
Tu - tri - ce.	Tren - te.	Trem - bler.	Trô - ne.
Trou - ble.	Ti - tre.	Trois.	Trom - per.
⸺⸺	Trei - ze.	Tra - çais.	⸺⸺⸺

L'*u* se prononce en *ou* comme s'il y
avait *coua*, dans les mots suivants.

É - qua - ti - on.　　A - qua - ti - que.　Qua - dra - tu-
re.　Qua - dru - pe - de.　É - qua - teur.　Qua - dra-
ge - nai - re.　Quin - qua - gé - si - me. ⸺⸺⸺

Va, Vi, Vra, Vo, etc.

Va-che.   Vi-vre.   Vrai-ment.   Va-gue.
Vo-gua.   Vril-le.   Vo-gue.   Vir-gi-nal.

L'*x* a le son de *gs* joints ensemble, dans :

Xan-ti-pe.   Xer-xès.   Xi-xe.   Fi-xe.
A-xe.   Lu-xe.   In-dex.   Pré-fix.

L'*x* se prononce comme deux *ss*, dans :

Dix.   Six.   Soi-xan-te.   Bru-xel-les.   Au-xer-re.

L'*x* se prononce comme *z* dans :

Deu-xiè-me.   Di-xiè-me.   Si-xiè me.
Dix-huit.   Si-xain.   Di-xai-ne.

L'*x* se prononce à la fin des mots suivants comme *s*, dans :

Prix.   Feux.   Beaux.   Oi-seaux.   Jeux.
Heu-reux. Yeux.   Eaux.   Paux.   Che-veaux.
Ba-teaux.

L'*x* se prononce comme *c*, dans :

A-lex-an-dre.   Fi-xer.   Ta-xer.

L'y.

Lo-yal.   Pa-ys.   Pay-san.   Mo-yen.
Ci-to-yen.   Yeu-se.   Y-pre-au.   Vo-ya-ger.

Ly-re.

Le Son du z au milieu des mots:

Lé-zard.   Dou-ze.   Bi-za-re.   Di-zai-ne.
Quin-ze.   Ha-zard.   Zig-zag.   Zi-zai-ne.

Le Son du z à la fin des mots:

Nez.   Ai-mez.   Don-nez.   Dan-sez.
Jou-ez.   Li-sez.   E-pe-lez.   É-cri-vez.
Par-lez.   Ap-pre-nez.   Cé-dez.   Fi-lez.

Le gn se prononce comme ni, dans:

A-gneau.   Bai-gner.   Co-gnac.   Dai-gna.
Fei-gner.   Fei-gnons.   Gro-gna.   Li-gnat.
Oi-gnon.   Pi-gnon.   Poi-gnet.   Poi-gnard.
Plai-gnit.   Ré-gner.   Si-gner.   Si-gnal.
Soi-gner.   Tei-gne.   Li-gne.

C

ai à la fin des mots qui contiennent plus d'une Syllabe, se prononcent comme *e*, dans:

Ai-mai.	Bai-gnai.	Chan-tai.	Ga-geai.
Gru-geai.	Ga-gnai.	Chan-te-rai.	Don-nai.
Gru-ge-rai.	Don-ne-rai.	Ho-no-rai.	I-rai.
Le-vai.	Lo-geai.	Lo-ge-rai.	Lor-gnai.

ai dans les mots de deux Syllabes où
cette diphtongue a le son d'un *è*,
comme dans les suivants:

Don-nait.	Gâ-tais.	Ga-geais.	Boi-tais.
Ju-geait.	Mon-tait.	La-çaient.	Lo-geait.
No-tait.	Ro-gnait.	Soi-gnait.	Tai-sait.
Vou-lait.	Vo-guaient.	U-sait.	Ven-dait.

ais, *ait* et *aient* se prononcent comme *è* à la fin des mots, qui
contiennent plus d'une Syllabe, et en particulier dans
les Verbes:

Ar-ro-sais.	Chan-geais.	Boi-rais.	Char-geais
Ga-gnait.	Cou-chais.	Don-nais.	É-pou-var

tais. La-çais. Tu-ait. Char-geaient. La-
çaient. Ga-gnaient. Li-aient. Bou-geaient.
Mo-quait. No-taient. Ran-geait. Nar-rait.
Soi-gnait. Ver-sait. Ton-nait. Tour-naient.

ent se prononce comme ant, dans:

Vent. Ment. Lent. Sent. Ar-pent. Ser-pent.

nt dans quelques mots qui contiennent plus d'une Syllabe, et qui
se terminent par ces Lettres, ne
se prononcent pas.

Ga-gnent. Ga-gè-rent. Don-nent. Don-nè rent.
Lâ-chent. Lâ-chè-rent. Lo-gent. Lo-gè-rent.
Man-gent. Man-gè rent. Nom-ment. No-mè-
rent. Pla cent. Pla-cè-rent. Ton-dent. Ton-
dè-rent. Ha-tent. Ha-tè-rent. Vo-guent.
——————————— Vo-guè-rent. ———————————

Si les mots contiennent plus d'une
Syllabe, l' *r* ne se prononce pas,
comme dans:

Ga-ger. Brû-ler. Vo-ter. Souf-fler. Dan-ser.

Ros-ser.	Sci-er.	Lan-cer.	Va-quer.	En-fler.
Lo-ger.	Nar-rer.	His-ser.	Vo-quer.	Lou-er.
		Pen-ser.		

Mots de deux Syllabes, par ordre alphabétique.

Ab-sous.	A-fin.	Ap-prêt.
Ac-cord.	A-gé.	A-près.
A-vant.	A-voir.	A-rac.
Ain-si.	Ai-gu.	Ar-che.
Ac-tif.	Ail-leurs.	As-pic.
Ar-deur.	Aî-lé.	As-saut.
Al-lons.	Ai-mant.	Au-ger.
Al-lez.	Ai-mait.	
Ar-bre.	Ai-né.	B.
Au-ne.	Am-ble.	
Au-tel.	A-gneau.	Ba-bet.
Ab-jet.	A-mer.	Ba-daut.
A-chat.	A-men.	Ba-gue.
A-cre.	An-neau.	Bail-le.
Af-fut.	Ap-pât.	Bais-ser.

Ban-quet.

Bar-be.

Bar-deur.

Bas-sin.

Bas-son.

Bâ-tir.

Bâ-ton.

Ba-vard.

Bau-mier.

Bé-ant.

Bel-le.

Be-nin.

Ber-ceau.

Ber-ne.

Be-soin.

Be-tail.

Bê-te.

Beur-re.

Bi-det.

Bi-gne.

Bi-jou.

Bil-lard.

Bi-quet.

Bis-cuit.

Bla-mer.

Blâ-me.

Blin-des.

Blon-des.

Blo-quer.

Blu-toir.

Bois-son.

Bou-che.

Bou-cher.

Brai-re.

Bre-bis.

Bri-sant.

Bron-ze.

Bro-yer.

Brus-que.

Bul-beux.

Bu-veau.

Bu-veur.

C.

Ca-bler.

Ca-bus.

Ca-cher.

Ca-chet.

Ca-gne.

Cail-le.

Cal-me.

Cal-mez.

Can-cre.

Câ-pre.

Car-ré.

Car-quois.

Car-reau.

Cas-que.

Cau-se.

Cen-dre.

Cer-ceau.

Cha-grin.

Chai-ne.

Cham-bre.

Cha-lit.

Chan-geant.

Cha-peau.

Cha-teau.

Char-bon.

Char-gé.

Char-tier.

Chan-son.

Char-treux.

Cho-quant.

Chu-te.

Ci-gne.

Ci-ment.

Cla-baud.

Clou-tier.

Com-bien.

Comp-te.

Con-tre.

Co-que.

Co-rail.

Crê che.

Cu-veau.

Cy-près.

D.

Da-gue.

Dai-gner.

Dé-lai.

Dé-bout.

Dé-but.

De-cent.

De dain.

De-faut.

Dé goût.

De mi.

De-nier.

De vin.

Det-te.

Di-gue.

Dif-fus.

Dis-pos.

Dic-ton.

Di-vers.

Di-zin.

Dog-me.

Do-me.

Don-geon.

Dou ceur.

Dor-toir.

Dril-le.

Du-vet.

E.

E-cart.

Ê-tre.

É-cran.

Ef-fort.

Em-plir.

Em-ploi.

En-jeu.

En-nui.

En-tre.

É-pars.

É-paux.

Er-got.

Es-sai.

É-tant.

Ex-cès.

Ex-clu.

Ex-trait.

F.

Fa-ce.

Fa-çon.

Fa-got.

Fais-seau.

Fa-quin.

Far-deau.

Fau-chons.

Fau-bond.

Faux-frais.

Fem-me.

Fe-nouil.

Fer-mail.

Fê-te.

Fé-tu.

Feuil-let.

Fier-té.

Fil-le.

Fil-ler.

Fil-leul.

Fi-lou.

Fis-cal.

Fi-xer.

Flé-au.

Flû-te.

For-cer.

For-ça.

For-ge.

Four-gon.

Frè-re.

Fri-and.

Fu-reur.

Fu-yant.

G.

Gâ-che.

Gail-lard.

Gar-dait.

Gar-nir.

Gâ-teau.

Ge-noux.

Geor-ge.

Gi-bet.

Gi-let.

Gla-çon.

Glai-se.

Glou-ton.

Gor-ge.

Gour-me.

Gous-set.

Gran-deur.

Gra-vier.

Grec-que.

Gres-soir.

Gri-son.

Gris-ser.

Gru-meau.

Gue-non.

Guê-tre.

Gueu-le.

Gueu-ser.

Gui-chet.

Guil-lot.

Gui-se.

H.

Ha-che.

Ha-chis.

Ha-choir.

Ha-ïr.

Ha-ler.

Har-de.

Har-peau.

Hau-bois.

Ha-vre.

Haus-ser.

Hau-te.

Hous-sard.

Hous-soir.

Ho-yau.

Hui-le.

Huis-sier.

Hui-tre.

Hu-main.

Hu-nier.

Hu-meur.

Hup-pe.

Hur-ler.
Hû-re.
Hut-ter.
Hy-dre.
Hym-ne.

I.

I-ci.
In-dex.
In-dou.
In-dien.
In-fect.
In-stinct.
In-stant.
I-preau.
I-ris.
Is-le.
I-tem.
Is-su.

J.

Ja-bler.

Ja-dis.
Ja-lap.
Ja-pon.
Jam-be.
Jam-bon.
Jar-din.
Jar-ret.
Ja-seur.
Jat-te.
Jau-ger.
Jau-nir.
Je-ton.
Jet-ter.
Jeu-di.
Jeû-ne.
Jeû-ner.
Join-dre.
Joi-gna.
Jou-ër.
Jou-ir.
Jo-yau.
Jo-yeux.
Ju-bé.
Ju-choir.
Ju-ge.

Ju-gea.
Ju-meau.
Ju-ment.
Jus-ques.

L.

La-beur.
La-bour.
La-cer.
La-çons.
La-çant.
La-cet.
Lâ-che.
Lâ-cher.
La-dre.
Lai-deur.
Lai-ne.
Lais-ser.
Lai-ton.
Lam-bain.
Lan-cer.
Lan-çons.
Lan-çoir.
Lan-guir.

La-per. Lo-yer. Ma-tou.
Las-cif. Lu-ëur. Me-chant.
La-tin. Lun-di. Met-tre.
La-ver. Lu-tin. Men-teur.
Lè-pre. Lus-tre. Mé-pris.
Let-tre. Meu-ble.
Le-vant. M. Meil-leux.
Le-vé. Mi gnon.
Li-ais. Ma-cher. Moin-dre.
Li-bre. Ma çon. Moi-neau.
Li-cou. Ma-got. Mou-flard.
Li-gne. Mai-gre. Mouil-ler.
Li-gneux. Mai-son. Mo-yen.
Lip-pu. Maî-tre. Mus-quet.
Lis-teau. Mâ-le. Myr-the.
Lo-che. Man-chon.
Lo-ger. Man dat. N.
Lo-geant. Man-ger.
Lo geons. Mal-fait. Nas-se.
Lan-çons. Man-teau. Na-geoir.
Lo-gis. Ma-rin. Na-ïf.
Lon-gue. Mar-que. Naî tre.
Lor-gne. Mar-teau, Na sard.
Lou-cher. Mar-quis. Na-tal.
Lou tre. Mas-que. Na geons,

Né-ant.	O.	P.
Né-fle.		
Nè-gre.	Ob-jet.	Pa-ge.
Ne-veu.	Ob-long.	Pail-le.
Neu-tral.	Ob-tus.	Pail-lon.
Nci-ge.	Oeil-let.	Paî-tre.
Ni-ais.	Oeu-vre.	Pa-lais.
Ni-che.	Oi-gnon.	Pâ-le.
Nie-ce.	Oi-sif.	Pâ-leur.
Ni-er.	Om-bre.	Pam-pre.
Ni-gaud.	On-cle.	Pa-nais.
Nim-be.	On-glet.	Pan-neau.
Ni-tre.	O-nyx.	Pan-ser.
Ni-veau.	Op-ter.	Pa-quet.
No-ël.	Or-dre.	Pa-rent.
Noi-se.	Or-ge.	Par-fait.
Nom-mer.	Or-meau.	Par-loir.
No-tre.	Or-teil.	Pa-rait.
Nô-tre.	O-sé.	Par-vis.
Nou-veau.	Our-dir.	Pas-sant.
No-yau.	O-se.	Pas-teur.
Nu-que.	Ou-ïr.	Pa-teaud.
Nui-re.	Ou-til.	Pâ-te.
Nu-que.	Ou-vert.	Pa-tent.
Nym-phe.	Ou-vrir.	Pa-thos.

Pê-cher.
Pé-ché.
Pé-cheur.
Pei-gne.
Pei-gnoir.
Pein-tre.
Pen-chant.
Pen-dant.
Per-çant.
Per-ceur.
Per-çons.
Per-çoir.
Per-çu.
Per-drix.
Per-sil.
Peu-ple.
Pha re.
Phe-nix.
Piè-ce.
Pi-geon.
Pi-lon.
Pin-çon.
Pi-quet.
Plai-sant.
Pleu-rer.

Pli-oir.
Pois-son.
Poi-trail.
Pour-pre.
Pré-voir.
Pres-que.
Prê-ter.
Puis-sant.
Py-thon.

Q.

Qua-tre.
Quar-te.
Quel-que.
Qui-naud.
Quê-ter.
Quil-lon.
Quin-teux.
Quit-ter.

R.

Ra-bat.
Ra-bot.

Râ-fle.
Ra-ge.
Rai-sin.
Rail-leur.
Ra-meau.
Ran-cir.
Ran-çon.
Ran-geons.
Ran-geant.
Ra-vin.
Ra-yon.
Ré-cit.
Re-coin.
Re-cours.
Re-çu.
Re-cueil.
Re-gain.
Ré-gne.
Re-jet.
Ren-fort.
Re-nard.
Re-pos.
Re-veur.
Ri-re.
Ro-gnon.

Ro-gnant.

Ron-geant.

Roi-dir.

Ro-main.

Rou-gir.

Ru-ban.

Ru-ral.

Rus-tre.

Ru-toir.

Ru-che.

S.

Sa-bre.

Sa-cré.

Sa-fre.

Sa-ge.

Sai-gne.

Sail-lant.

Sa-phir.

Sau-ce.

Se-cond.

Sel-ler.

Ser-rail.

Si-gne.

Si-gnons.

Si-lon.

Sim-ple.

Sol-der.

So-leil.

Som-me.

Son-net.

Souf-fler.

Sou-hait.

Soup-çon.

Sour-de.

Sou-tien.

So-yeux.

Spas-mes.

Stan-ce.

Sub-til.

Suc-cint.

Su-çons.

Su-jet.

Suis-se.

Sui-te.

Sui-vant.

Su-reau.

Syrop.

T.

Ta-bleau.

Tâ-che.

Tâ-cher.

Tail-ler.

Tai-re.

Ta-lent.

Tam-bour.

Tan-che.

Tan-neur.

Tar-ge.

Tâ-ter.

Tâ-tons.

Tau-pe.

Ta-ver.

Tei-gne.

Tei-gneux.

Tein-dre.

Ten-dre.

Ter-mes.

Ter-reau

Thè-se.

Tiè-dir.

Ti-gnon.

Tis-ser.
Toc sin.
Toi-se.
Toi-les.
Tom-beau.
Ton-dre.
Tor-che.
Tou-che.
Tour-ner.
Tous-seur.
Tra-duit.
Trai-tre.
Trans-port.
Tra-vail.
Tré-sor.
Trin-gle.
Tri-quet.
Trom-peur.
Trou-ble.
Trui-te.
Tur que.
Ty-pe.
Ty-ran.

U.

U-ni.
U re.
U sant.
U-sons.

V.

Va-che.
Va-gue.
Vail-le.
Va-leur.
Va-let.
Va-loir.
Va-peur.
Vau-tour.
Vau-rien.
Ve-neux.
Ve-lin.
Ver-ge.
Ver-gue.
Ver-jus.

Ver-meil.
Ver-set.
Ver-veux.
Vieil-lard.
Vier-ge.
Vi-gne.
Vi-vre.
Vo-gue.
Voi-ci.
Vô-tre.
Voû-te.
Vui-de.

Y.

Y-preau.

Z.

Zè-le.
Ze-phir.
Ze-ro.
Zô-ne.

Mots de Trois Syllabes, par ordre Alphabétique.

A-beil-le.	A-dou-cir.	A-moin-drir.
A-bi-me.	Af-fa-dir.	An-ne-xer.
Ab-ju-rant.	Af-fai-re.	An-ti-que.
Ab-la-tif.	Af-fec-ter.	A-pô-tre.
A-bor-der.	Af-fi-che.	Ap-prê-ter.
A-bou-tir.	Af-freu-se.	A-que-lin.
Ab-sou-dre.	A-gne-let.	A-rè-ne.
Ab-sin-the.	A-grai-re.	Ar-gen-té.
Ac-cep ter.	A-gres te.	Ar-gu-ment.
Ac-ca-bler.	A-heur-té.	Ar-moi-re.
Ac-col-ler.	Ai-gre-sin.	Ar-ro-gant.
Ac-com-plir.	Ai-gua-de.	Ar-ti-chaud.
Ac-croi-tre.	Ai-gui ser.	At-te-lier.
Ac-cou-cheur.	A-jou-ter.	As-per-ge.
A-da-ge.	A-lai-ter.	At-tein-dre.
Ad-jec-tif.	Al-le-ger.	At-tie-dir.
Ad-ju-ger.	Al-lon-ger.	A-va-re.
Ad-met-tre.	Am-bi-gu.	Au-mo-ne.

A-voi-ne.
Au-tru-che.
A-yeu-le.
A-zu-ré.
A-zy me.

B.

Ba-bi-che.
Ba-bil-lard.
Ba-ga-ge.
Ba-guet-te.
Bai-se-mains.
Ba lai-ne.
Ba-li-veau.
Ban-da-ge.
Bar-bouil-ler.
Bas-cu-le.
Ba-tail-le.
Be-gui-ne.
Bê-le-ment.
Be-ni-gne.
Bien-ve-nu.
Bi-gar-ré.
Bi-jou-tier.

Bis-sec-til.
Bi-tu-me.
Blan-châ-tre.
Blas-phê-me.
Blo-ca-ge.
Bor-da-ge.
Bou-get-te.
Bouil-loi-re.
Bour-geoi-se.
Bou-teil-le.
Bre-douil-le.
Bri-ga-de.
Brou-ët-te.
Bru-ye-re.
Bu-ve-tier.

C.

Ca-ba-leur.
Ca-che-ter.
Ca-de-nas.
Caf-fe-tier.
Ca-gé-e.
Ca-gnar-de.
Cal-cu-leux.

Ca le-çon.
Cal-vai-re.
Cam-pê-che.
Ca-nel-le.
Ca-pu-chon.
Cein-tu-re.
Cé-lè-bre.
Cé-li-bat.
Chai-net-te.
Cham-pi-gnon.
Chan-ce-lier.
Cha-pe-lier.
Char-treu-se.
Che-vril-lard.
Chi-rur-gien.
Clin-quail-lier.
Co-ly-re.
Com-pro-mis.
Con-flu-ent.
Con-ju-rer.
Con naî-tre.
Con-tre-scel.
Con-trô-leur.
Con-vain-cant.
Con-ti-gnac.

Cô-to-yer.
Cra-pu-leux.
Cri-ail-leur.
Cro-che-teur.
Croi-sa-de.
Cui-ras-sier.
Cu-ri-eux
Cym-ba-les.

D.

Dai-gne-ra.
Da-moi-seau.
Dan-ge-reux.
Dé-bau-ché.
Dé-bou-chant.
De-ca-de
De-ce-vant.
Dé-char-ger.
De-char-né.
De-comp-ter.
Dé-cou-su.
Dé-fai-re.
Dé-fron-cer.
Dé-gui-ser.
Dé-jeu-ner.

Des es-poir.
Di-a-pre.
Di-gni-té.
Di-rec-teur.
Dis-cou-rir.
Dis-lo-quer.
Doc-to-ral.
Do-na-teur.
Dru-ï-des.
Droi-tu-re.
Duc-ti-le.
Du-ril-lon.

E.

E-bau-che.
É-bau-choir.
É-bran-ler.
É-cail-le.
É-ca-ler.
É-chan-ge.
É-chau-son.
É-char-de.
É-chau-de.
É-che-veau.
É-chou-er.

É-clip-se.
É-ga-yer.
É-lar-gir.
Em-bal-leur.
Em-bau-cheur.
É-mi-grer.
Em-prun-té.
En-cen-soir.
En-che-rir.
En-dui-re.
É-nig-me.
En-ri-chir.
En-ri-chent.
En-tê-ter.
En-tre-tient.
En-va-tier.
É-par-gne.
Es-ca-beau.
Es-piè-gle.
É-vê-ché.
Ex-ac-teur.
Ex-cé-deur.
Ex-cel-lent.
Ex-pres-sif.

F.

Fa-bri-quer.
a-cheu-se.
Fac-tu-re.
Fai-né-ant.
?-mil-le.
i-ta-ge.
a-ti-gue.
au-cha-ge.
a-yan-cier.
euil-la-ge.
i-gu-rer.
il-leu se.
la-geo-let.
lo-til-le.
o-lâ-tre.
os-so-yeur.
our-chet-te.
ra-ter-nel.
u-tail-le.
u-yan-te.

G.

Ga-bel le.
Gail-lar-de.
Gau-che-ment.
Gé-né-raux.
Gé-né-reux.
Gi-ro-fle.
Go-guet-tes.
Gram-mai-re.
Gre-nouil-le.
Gre-na-dier.
Gro-tes-que.
Gue-nil-le.
Gué-ri-don.
Gué-ri-son.
Gueu-lé-es.
Gu-tu-ral.

H.

Ha-bi-le.
Ha-bil-lé.
Ha-lei-ne.
Ha-ran-gue.

Hau-be-reau.
Her-bie-re.
Heu-reu-se.
His-toi-re.
Hol-lan-dais.
Hon-nê-te.
Ho-ri-son.
Hô-pi-tal.
Hor-lo-ge.
Hui-leu-se.
Hui-tiè-me.
Hy-so-pe.

I.

I-do-le.
I-gna-re.
I-gno-ble.
I-gno-rant.
I-ma-ge.
Im-par-fait.
Im-por-tun.
In-car-nat.
In-dul-gent.
In-é-gal.

D

In-ſtru-ment.

I-so-lé.

I-voi-re.

I-vro-gne.

I-vra-ye.

J.

Ja-lou-se.

Jau-nâ-tre.

Jean-net-te.

Jo-li-ment.

Jon-quil-le.

Jou-is-sant.

Jour-né-e.

Jo-yeu-se.

Ju-bi-lé.

Ju-ge-ment.

L.

La-bou-reur.

Lâ-che-té.

La-cry-mal.

Li-na-ge.

Lai-tiè-re.

Lam-bris-ser.

Lan-guis-sant.

La-yet-te.

Lé-gen-de.

Li-ber-té.

Li-gné-e.

Li-ma-çon.

Li-si-ble.

Lo-gi-que.

Lou-ve-teau.

Lo-yau-té.

Lu-mi-neux.

M.

Ma-cé-rer.

Mâ-choi-re.

Ma-ga-zin.

Main-te-nant.

Mal-fai-sant.

Man-geà-ble.

Man-geu-se.

Mas-cu-lin.

Me-lan-ge.

Mi-ra-clé.

Mi-gnar-de.

Mi-né-ral.

Mo-des-te.

Mo-der-ne.

Mou-li-net.

Mu-gis-sant.

Mul-ti-ple.

Mu-rail-le.

Mys-tè-re.

N.

Na-geu-se.

Nai-san-ce.

Na-ï-ve.

Nau-fra-ge.

Né-gli-gent.

Noir-â-tre.

Noi-set-te.

Nour-ris-son.

Nou-vel-le.

Nu-a-ge.

Nul-li-té.

O.	P.	
		Pré-sen-ce.
		Pres-ti-ge.
O-bé-ïr.	Pail-las-se.	Pro-chai-ne.
Ob-jec-tif.	Pa-la-nquin.	Pro-lon-ger.
O-bli-ger.	Pa-na-che.	Pu-é-ril.
Ob-sé-der.	Pan-touf-fle.	Pu-pi-le.
Ob-struc-tif.	Pa-pe-tier.	Pyg-mé-e.
Ob-vi-er.	Pa-ra-ge.	Py-ri-te.
Oc-to-bre.	Pas-sa-ge.	
O di-eux.	Pas-se-reau.	Q.
Oeil-let-te.	Pe-lu-che.	
Oeil-le-ron.	Pé-ri-leux.	Quo-li-bet.
Of-fus-quer.	Phi-o-le.	Qua-dru-ple.
Oi-gnet-te.	Phy-si-que.	Qua li-té.
Oi-se-leur.	Plain-ti-ve.	Qua-dran-gle.
Oi-si-ve.	Plai-gnan-te.	Quel-que-fois.
O-pu-lent.	Plâ-triè-re.	Quel-con-que.
O-ra-geux.	Po-ë-te.	Que-rel-le.
Or-gueil-leux.	Pois-sar-de.	Ques-ti-on.
O-ril-lon.	Pois-son-neur.	Quin-qui-na.
Ou-tra-geant.	Po-ta-ge.	Qui-tan-ce.
O-xy-mel.	Pou-lail-ler.	
	Pré-cep-teur.	R.
	Pré-ci-eux.	
	Pré-ju-ge.	Ra-bo-teur.

Ra-cro-cher.

Ra-di-eux.

Ra-fre-chir.

Ra-goû-tant.

Ran-çon-ner.

Ra-pa-ce.

Re-bâ-tir.

Re-brous-ser.

Re-ce-leur.

Re-chan-ge.

Re-cher-cher.

Re-chi-gné.

Rec-tan-gle.

Re-cui-re.

Ré-dui-re.

Ré-el-le.

Re-fi-ger.

Ré-flé-chir.

Re-fou-loir.

Ré-gis-seur.

Ré-join-dre.

Ré-jou-ïr.

Re-lâ-che.

Re-mar-quer.

Re-mouil-ler.

Ren che-rir.

Re-pai-tre.

Re-pu-gnet.

Re-vê-che.

Ri-gi-de.

Ro-cail-le.

Ros-si-gnol.

Rou-geo-le.

Rus-ti-que.

S.

Sac-ca-ger.

Sai-gné-e.

Sa-fra-né.

Sa-ges-se.

Sa-gou-in.

Sai-gné-e.

Sail-li-e.

Sa-vou-reux.

Scan-da-le.

Scor-pi-on.

Sculp-tu-re.

Se-con-de.

Se-duc-teur.

Sé-jour-ner.

Sic-ci-té.

Si-gna-ler.

Sin-cè-re.

Si-nu-eux.

Soi-gneu-se.

Som-meil-ler.

Sor-ciè-re.

Sou-la-geant.

Soup-çon-ner.

Spé-ci-eux.

Spon-gi-eux.

Sui-ci-de.

Sur-veil-lant.

Sym-bo-le.

Sys-stê-me.

T.

Ta-ci-te.

Tail-lé-e.

Tan-ga-ge.

Ter-ras-ser.

Thé-a-tre.

Ti-rail-ler.

Tour-bil-lon. U-té-rin. Vi-nai-gre.
Tra-dui-re. U-vé-e. Vo-ca-tif.
Tra-hi-son. Voi-tu-re.
Tré bu-chet. **V.** Vol-ti-ger.
Tres-sail-lir. Vo-ya-ge.
Tu-to-yer. Va-can-ces. Vui-dan-ge.
Ty-ran-neau. Va-cil-lant. Vul-gai re.
Va-ga-bond.
U. Vais-sel-le. **Z.**
Ver-get-tes.
Ul-cè-re. Ver-tu-eux. Zin-zo-lin.
U-nis-son. Ves-ti-ge. Zo-ï-le.
U-ni-vers. Vi-ci-eux. Zoo-phy-te.
Ur-gen-te. Vi-gno-ble.
U-sa-ge. Vi-lai-ne

Les Caractères suivants s'appellent des Chiffres, ils servent à compter.

0,	1,	2,	3,
Zéro,	Un,	Deux,	Trois,
4,	5,	6,	7,
Quatre,	Cinq,	Six,	Sept,
	8,	9.	
	Huit,	Neuf.	

Nul saurait être bon chiffreur,
Qui ne sait ce livret par coeur.

2 Fois	2 Font	4		
2 —	3 —	6		
2 —	4 —	8		
2 —	5 —	10		
2 —	6 —	12		
2 —	7 —	14		
2 —	8 —	16		
2 —	9 —	18		
2 —	10 —	20		

3 Fois	3 Font	9
3 —	4 —	12
3 —	5 —	15
3 —	6 —	18
3 —	7 —	21
3 —	8 —	24
3 —	9 —	27
3 —	10 —	30

4 Fois	4 Font	16
4 —	5 —	20
4 —	6 —	24
4 —	7 —	28
4 —	8 —	32
4 —	9 —	36
4 —	10 —	40.

5 Fois	5 Font	25
5 —	6 —	30
5 —	7 —	35
5 —	8 —	40
5 —	9 —	45
5 —	10 —	50

6 Fois	6 Font	36
6 —	7 —	42
6 —	8 —	48
6 —	9 —	54
6 —	10 —	60

7 Fois	7 Font	49
7 —	8 —	56
7 —	9 —	63
7 —	10 —	70

8 Fois	8 Font	64
8 —	9 —	72
8 —	10 —	80

9 Fois	9 Font	81
9 —	10 —	90

10 Fois	10 Font	100
10 —	100 —	1000.

*